EXPLICATION
DES OUVRAGES
DE PEINTURE
EXPOSÉS
AU PROFIT DES GRECS,

Galerie Lebrun,

RUE DU GROS-CHENET, N° 4,

DE DIX HEURES A CINQ HEURES.

Prix : 1 Franc.

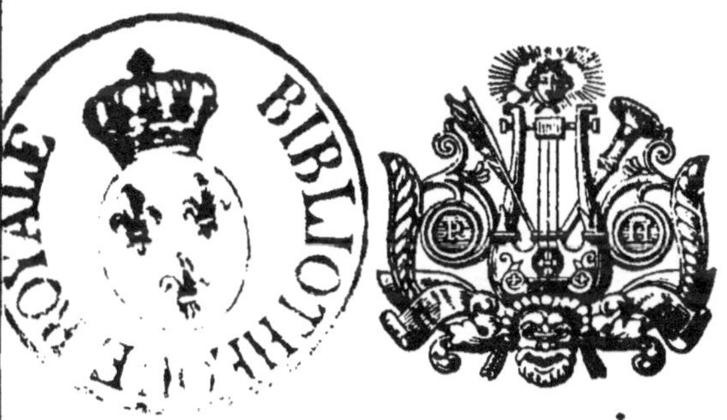

IMPRIMERIE DE FIRMIN DIDOT,

IMPRIMEUR DU ROI, RUE JACOB, N° 24.

1826.

EXPLICATION
DES OUVRAGES
DE PEINTURE.

M. ADAM (VICTOR).

1. Episode de la retraite de Russie.
2. Une ambulance.

(Ces deux tableaux appartiennent à M. Dusommerard.)

M. ALAUX,

Rue de la Tour d'Auvergne, *N*. 21.

3. Le pape Pie VII, accordant une grace.
4. Diomède enlevant le Palladium.

Me ANCELOT (VIRGINIE),

Rue d'Argenteuil, *N*. 7.

5. Souvenir de 1824; lecture du poëme de Philippe-Auguste, par l'auteur M. Parceval de Grandmaison.

M. BARBIER,

Petite rue St.-Roch, *N*. 5.

6. Vue intérieure de l'Église Saint-André, à Tours.

M. BARBOT,

A Rome.

7. Vue prise dans les montagnes de la Grande-Chartreuse, près Grenoble.

(Ce tableau appartient à M. Moyon.)

M. BELLANGÉ (Hyacinthe),

Rue de l'Abbaye, *N*. 11.

8. Une Ambulance de la vieille garde.

M. BERRÉ,

Au Jardin du Roi.

9. Paysage avec animaux.

10. Une Chaumière.

11. Un Étang.

(Ces deux derniers tableaux appartiennent à M. Luce.)

M. BERTHON,

Rue des Prouvaires, N. 32.

12. Épisode de la peste qui eut lieu à Villefranche en 1628, où un religieux imagina de faire nourrir par des chèvres les enfants dont les mères mourraient de la contagion.
13. Léda.

M. BIDAULD,

Rue de l'Arbre-sec, N. 52.

14. Vue du grand Étang du désert d'Ermenonville.
15. Vue d'une partie du Désert d'Ermenonville.

M. BIDAULD (J. P. X.).

16. Vue prise aux environs de Lyon.
17. Vue prise aux environs de Lyon.
18. Tableau de Fleurs.

(Ces trois tableaux appartiennent à Me veuve Bidauld.)

M. BOISFREMONT (DE),

Rue du Rocher, N. 34.

19. Trait de clémence de Napoléon, envers la princesse d'Hatzfeld.

Le prince de Hatzfeld était chargé, par Napoléon, du gouvernement civil de Berlin. Des lettres interceptées aux avant-postes, firent connaître qu'il instruisait le prince Hohenlohe des mouvements des Français; en conséquence il fut arrêté, et allait être jugé devant une commission militaire, quand la princesse Hatzfeld vint se jeter aux pieds de Napoléon, protestant de l'innocence de son mari, dont elle était elle-même persuadée. *Vous connaissez l'écriture de votre mari*, lui dit Napoléon; *je vais vous faire juge*, et il lui remit la lettre interceptée. Cette princesse, grosse de plus de huit mois, s'évanouissait à chaque mot qui lui découvrait combien son mari se trouvait compromis. Napoléon fut touché de son état. *Eh bien!* lui dit-il, *vous tenez cette lettre, jetez-la au feu; cette pièce anéantie, je ne pourrai plus faire condamner votre mari.*

M. BORDIER DE BIGNON.

20. M. B*** présente au prince Mahamet-Ali-Mirza, fils aîné du roi de Perse, les troupes qu'il a organisées et instruites à la française.

M. BOUHOT,

Quai Bourbon, île St.-Louis, N. 39.

21. Vue de Paris.

(Ce tableau appartient à M. Odiot.)

M. BOULANGER (L.),

Rue de l'Ouest, N. 18.

22. Salvator Rosa jeune fut pris dans les montagnes de Naples par des brigands qui, ne trouvant dans ses effets rien qui fût à leur usage, allaient le faire périr, quand la femme du chef le prit sous sa protection et le sauva.

23. Cimabué trouva dans la campagne de Rome le petit Giotto qui dessinait ses chèvres et ses moutons; ravi de ses essais, il le prit avec lui : Giotto devint un peintre célèbre.

M. BOUTON,

Au Diorama.

24. Intérieur de la chapelle de Saint-Germain-la-Truite.

(Ce tableau appartient à M. Bizet.)

M. BROCAS,

Rue Beaubourg, N. 59.

25. Trait de générosité de Henri IV, envers un batelier.

Henri IV, passant l'eau, s'entretenait avec le batelier dont il n'était pas connu; cet homme fit l'éloge du roi, et se repandit en propos fort libres sur Gabrielle sa maîtresse, à laquelle il attribuait les impôts dont son bateau même n'était pas exempt. Le lendemain, Henri fit mander le batelier et lui fit répéter, devant la duchesse, ce qu'il avait dit la veille. Gabrielle irritée, voulait le faire pendre : « Vous êtes folle, lui dit Henri IV; c'est un pauvre diable que la misère met de mauvaise humeur; je ne veux plus qu'il paie rien pour son bateau, et je suis sûr qu'il chantera tous les jours : Vive Henri! vive Gabrielle! »

M. BUTAY,

de Pau.

26. Vue du Château de Pau : effet du Soleil couchant.

(Ce tableau appartient à M. Baritot.

M. CAMINADE,

Rue de Bourbon, N. 34.

27. Un Arabe (étude).
28. Un Prêtre grec (étude).

M. CATHELINEAU (Gaetan),

Rue des Fossés-St.-Victor, N. 39.

29. Sainte Cécile.
30. Paysage. Étude d'après nature.

M. CHAUVIN,

à Rome.

31. Vue du pont d'Auguste à Narni.

(Ce tableau appartient à M. le duc de Fitz-James.)

M. COLIN,

Rue d'Enfer, *N*. 33.

32. Faust et Marguerite.

Marguerite détache les feuilles de la fleur qu'elle vient de cueillir, et parle tout bas.

Faust. Mais que dis-tu?
Marguerite, à moitié haut. Il m'aime, il ne m'aime pas.
Faust. *Oh! cher ange du ciel!* ....

(Sujet tiré de la tragédie de Goethe.)

33. Épisode de la guerre actuelle en Grèce.

..... leur résistance fut terrible, mais ils furent accablés par les infidèles, et tombèrent toujours pressés dans leurs rangs et sans reculer; la mort seule était muette sur ce théâtre de carnage ..... les villes voisines écoutent avec inquiétude si elles doivent s'affliger, ou se réjouir de ces cris effrayants, que les échos des montagnes se renvoient avec un son terrible.

(*Lord Byron.*)

34. Jeune Grec. Étude d'après nature.

M. COUDER,

Rue des Martyrs, N. 35, passage Breda.

35. La mort de Virgile.

Ce grand poète ayant résolu de passer en Grèce pour y achever l'Énéide, y fut rencontré par Auguste qui revenait d'Orient, et qui désira le ramener à Rome : mais Virgile déja atteint d'une maladie de langueur que les fatigues du voyage avaient aggravée, fut obligé de s'arrêter à Brindes; c'est là que ce grand homme se sentant près d'expirer, voulut qu'on brûlât son poëme sitôt qu'il ne serait plus; mais Auguste s'opposa à l'exécùtion de ses ordres, et nous conserva l'Énéide.

M. CURTY,

Rue des Quatre-Vents, N. 6.

36. Scène de Canadiens.

Ils ont perdu ce qu'ils avaient de plus cher au monde, et tandis que le père affligé vient de creuser avec une ancre, triste débris d'un naufrage, la tombe de son enfant; sa compagne infortunée verse encore le lait de ses mamelles sur celui qui devait être l'appui de leurs vieux jours, avant d'en abandonner la dépouille à la terre.

M. DAVID (Louis).

37. Mars désarmé par Vénus, l'Amour et les Graces.

Mars est assis, il dépose ses armes, tandis que l'Amour, en souriant, détache ses cothurnes. Vénus va placer sur sa tête une couronne de roses, après l'avoir ceint d'une guirlande de laurier rose, fleur consacrée à ce dieu; les Graces lui ont déja ôté son casque, son bouclier, son arc et son carquois; l'une d'elles verse le nectar qu'elle va présenter au dieu de la guerre. Un temple d'ordre corinthien sert de fond et se détache sur l'azur du ciel, dont les nuages légers entourent toutes les figures et les enveloppent d'une vapeur douce qui en fait ressortir la couleur brillante.

38. Bonaparte, premier consul, franchissant le mont Saint-Bernard ; il indique les montagnes qui restent à parcourir. Les noms d'Annibal et de Charlemagne

sont tracés sur les rochers. On remarque dans l'éloignement les soldats et l'artillerie.

39. Andromaque pleurant Hector.

Dans une des salles du palais de Priam, le corps d'Hector est placé sur un lit funèbre; sa tête est couronnée de lauriers, ses armes sont près de lui; Andromaque, éplorée, prévoit dans la mort de son époux les désastres d'Ilion et la perte prochaine de son fils Astyanax, qu'elle presse dans ses bras; un riche candelabre qui rend une lumière pâle, des branches de cyprès répandues à terre, accompagnent cette scène de deuil.

(Ces trois tableaux appartiennent aux héritiers de M. David.)

40. Le serment des Horaces.

Répétition avec changements de celui qui est au Musée. Il porte la date de 1786, mais M. David le retoucha entièrement cinq ans après; aussi a-t-il une vigueur de ton bien supérieure au grand tableau.

(Ce tableau appartient à M. Firmin Didot.)

41. La mort de Socrate.

(Ce tableau appartient à M. le marquis de Vérac.)

M. DECAISNE,

Quai Bourbon, île Saint-Louis, N. 31.

42. Grecs après un revers.

43. Plage près de Pouligen (Loire-Inférieure).

M. DELACROIX,

Rue d'Assas, N. 14.

44 Combat du Giaour et du pacha Hassan.

« . . . . Je le reconnais à la pâleur de « son front: c'est celui qui m'a ravi l'amour « de Leïla, c'est le Giaour maudit. »

(*Sujet tiré de lord Byron.*)

M. DELASSUS (V.),

Rue du Coq-St.-Honoré, N. 7.

45. Un Souliote blessé, échappé de Missolonghi avec son fils, erre dans un pays dévasté, implorant la pitié due au courage malheureux.

M. DEMARNE.

46. Un abreuvoir.

M. DESCAMPS,

Rue Hautefeuille, *N*. 30.

47. Prométhée sur le mont Caucase.

M. DEVÉRIA (ACHILLE),

Rue de l'Ouest, *N*. 18.

48. Louis XIV et mademoiselle de la Vallière.

(Ce tableau appartient à M. Tastu.)

49. Le Tasse, malade dans la maison d'Est, reçoit les soins de la princesse Éléonore.

M. DEVÉRIA (EUGÈNE),

Rue de l'Ouest, *N*. 18.

50. Lord Byron reçu à Westminster par tous les grands hommes de l'Angleterre; Milton, Shakespeare, Hore, etc. Ce sujet a été inspiré par les vers suivants de M. Casimir Delavigne.

« Milton, place au poète! Hore, place au guerrier:
« Pressez-vous, rois, place au grand homme!

(Ce tableau appartient à M. Ladvocat.)

51. Scène de la tragédie des Brigands de la Bohême, de Schiller. François reconnaît dans la glace son frère Charles à l'expression de ses traits, quand il reçoit à boire de la main d'Amélie.

(Ce tableau appartient à M. Ladvocat.)

52. Jeune officier malade.

M. DROLLING Père.

53. Le petit commissionnaire.

(Ce tableau appartient à M. Lejean.)

M. DROUAIS (J. G.).

54. Philoctète dans l'île de Lemnos.

Philoctète, fils de Péan et compagnon d'Hercule, est abandonné dans l'île de Lemnos par les Grecs.

En proie aux douleurs les plus vives, causées par la blessure qu'il s'est faite au pied avec une des flèches empoisonnées d'Hercule, il agite l'air avec l'aile d'un oiseau sauvage pour rafraîchir sa plaie et chasser les insectes attirés par le miasme pestilentiel qui s'en exhale.

(Ce tableau appartient à M Grau de Saint-Vincent.)

55. Tête de vieillard.

(Ce tableau appartient à M. Rey.)

M. DUBOIS (François),

Rue Louis-le-Grand, N. 27.

56. Un chevrier des environs de Naples.

M. DURUPT,

Rue Neuve St.-Étienne, N. 17.

57. Intérieur de ferme.

M. DUTAC,

Rue de Varennes, N. 37.

58. Une chute d'eau prise des bords de la Moselle dans les Vosges.

Me. FAUCHERY (Augustine),

Quai de l'Horloge, N. 47.

59. Sapho méditant.

M. FLEURY (Robert),

Rue des Messageries, N. 4.

60. Pélerinage à Saint-Pierre, à Rome.

Des pélerins passant la porte sainte, ouverte l'année du jubilé.

(Ce tableau appartient à M. Raoul de Montmorency.)

M. FORBIN (LE COMTE DE),

61. Inès de Castro.

Exhumée et couronnée après sa mort par *dom Pedro* son époux, à son avénement au trône de Portugal. Cette cérémonie eut lieu dans le cloître de marbre de l'abbaye d'*Alcobacca* en Portugal. Inès venait d'y être inhumée après avoir été assassinée par ordre du roi, son beau-père. Ce prince ne survécut que fort peu de temps à la violence de ses remords, à la haine et à la profonde douleur de Dom Pedro son fils. Le supérieur des Chartreux, le chancelier d'armes du royaume, ami de Dom Pedro et d'Inès, un vieillard attaché à cette famille, des gardes et quelques gens du peuple, furent les seuls témoins de cette scène dont le site est exact. On montre encore dans ce lieu, construit par les Maures à une époque très-reculée, la pierre qui couvre le tombeau où le corps d'Inès revêtu des habits royaux, fut renfermé pour la seconde fois.

(Ce tableau appartient à M. J. Laffitte.)

Mlle FORESTIER,

Rue de la ferme des Mathurins, N. 9.

62. La princesse de Nevers à l'abbaye de Graville.

Cécile d'Antichamps, novice à Graville, reçoit la visite de la princesse de Nevers, et cherche, mais en vain, à lui cacher le portrait du Sire de la Touraille, qu'elle a placé sous la figure d'un archange dans une pièce de tapisserie, représentant sainte Cécile écoutant les concerts célestes.

(Sujet tiré de la Princesse de Nevers, par M. le baron C. St.-Cyr.)

MM. Pre. ET Jn. FRANQUE.

63. Bataille de Zurich.

Après une lutte opiniâtre, le général Masséna ayant sommé en vain la ville de Zurich d'ouvrir ses portes, ordonna une nouvelle attaque; les Français se jetèrent avec fureur sur les Russes qu'ils mirent dans une déroute complète, et furent entièrement maîtres de Zurich (29 sept. 1799). Cette victoire obtenue par les sages dispositions de Masséna, mit le sceau à sa brillante réputation, déjoua les projets du fameux général Sowarow, et sauva la France des dangers qui la menaçaient.

Le tableau représente le moment où l'armée française pénètre dans la ville en poursuivant l'ennemi. Sur le premier plan, le général Masséna donne ses ordres, entouré de son état-major. Des prisonniers sont amenés de différents points; on remarque le fils de Sowarow qui fut blessé dans l'action.

(Ce tableau appartient à Mme. la maréchale Masséna.)

M. FREMY,

Quai des Augustins, *N.* 17.

64. Turenne endormi sur l'affût d'un canon.

M. FROSTÉ,

Rue M. le Prince, *N.* 20.

65. Scène du tribunal de l'Inquisition.

M. GARNERAY),

Rue Cléry, *N.* 16.

66. Pêcheurs dans une barque en pleine mer.

67. Bateau ayant perdu son gouvernail.

M. GARREAU,

Rue du Bac, *passage Ste.-Marie*, *N.* 9.

68. Didon et Énée.

M. GASSIES.

Passage Saulnier, *N.* 9.

69. Vue Prise en Écosse près de Ben Lomond.

70. Incendie de la flotte turque; Canaris et ses compagnons abandonnent un instant les rames, pour adresser leurs prières à Dieu.

71. Vue du château de Warkworth, dans le Northumberland; lever du soleil dans le brouillard.

72. Les côtes de Falkestone; soleil levant et brouillard.

(Ce tableau a été donné par l'auteur, pour être vendu au profit des Grecs.)

M. GAUTHEROT (Claude).

73. Pyrame et Thisbé. (Métamorphoses d'Ovide, liv. 4.)

(Ce tableau appartient à M. Souty.)

M. GAUTHIER,
Rue Richet, N. 27.

74. Le cornet Suisse.

75. Le tambour.

M. GENRET (Fils),
Rue St.-Nicolas-d'Antin, N. 61.

76. Intérieur de cave; étude d'après nature.

M. GÉRARD (Le Baron),

Rue Saint-Germain des Prés, N. 6.

77. Portrait du général Foy.

78. Les quatre figures qui accompagnaient le tableau de la bataille d'Austerlitz dans le plafond du Conseil d'État aux Tuileries : la Victoire, l'Histoire, la Poésie et la Renommée.

M. GÉRICAULT.

79. Un jockei anglais.

(Ce tableau appartient à M. Coutau.)

M. GIRODET-TRIOSON.

80. Jeune fille au bain.

(Ce tableau appartient à Mme Robert.)

81. Tête de vieillard.

(Ce tableau appartient à M. Rey.)

82. Tête d'étude.

(Ce tableau appartient à M. Poulet aîné.)

M. GRANET,

Rue Saint-Lazare, *N.* 54 *bis*.

83. La bénédiction des biens de la terre.

84. Sodoma, peintre toscan, porté à l'hôpital où il mourut.

(Ce tableau appartient à M. Coutan.)

M. GRENIER (Fr.),

Rue Godot de Mauroy, N. 22.

85. Un Grec.

M. GROS (le Baron),

Rue des Fossés Saint-Germain-des-Prés, N. 14.

86. Combat de Nazareth.

Le général Junot, à la tête de 500 Français, battit 6000 Turcs, le 19 floréal an 7.

Junot, suivant les instructions qu'il avait reçues, s'était emparé de Nazareth, et avait, ce même jour, 6 avril, envoyé dans un village, à quelque distance de cette dernière ville, un détachement de 70 chevaux, sous la conduite du scheick Daher et de son frère. Arrivé dans la plaine qui sépare les montagnes de Naplons de celles de Nazareth, Daher aperçut une avant-garde de l'armée de Damas, au nombre d'environ 500 chevaux. Trop faible pour aller à la rencontre de cette troupe, Daher se jeta dans les montagnes, et fit donner avis à Junot de sa rencontre, et de la position dans laquelle il se trouvait. Junot, à cette nouvelle, partit de Nazareth le 8 avril, avec 150 grenadiers de la 19e de ligne, 150 carabiniers de la 2e légère, commandés par le chef de brigade Desnoyers, et à peu près cent chevaux, commandés par le chef de brigade du 14e de dragons, Duvivier, il fut rejoint par le scheick Daher et son frère, et quelques-uns de leurs cavaliers.

Junot arriva au village de Cana à huit heures. Le scheick El-Beled vint au-devant du général pour l'engager à ne pas avancer plus loin, attendu, disait-il, que l'ennemi se trouvait dans la plaine, au nombre de deux ou trois mille chevaux. Cet avis ne pouvait intimider Junot, qui continua sa marche. Avant de partir de Nazareth, il avait eu soin de faire prévenir le général en chef de la présence des Damasquins, et de sa résolution de s'avancer à leur rencontre, en attendant l'arrivée des secours qu'il sollicitait.

Arrivés au débouché de la ville de Cana à Loubi, les Français virent effectivement deux ou trois mille cavaliers divisés en plusieurs corps, et caracolant dans la plaine qui se trouve entre Loubi et le Mont-Thabor. Pour mieux juger de leur nombre, Junot monta sur la hauteur où est situé le village de Loubi; et n'ayant point reconnu qu'ils fussent en effet plus nombreux qu'ils l'avaient paru au premier aspect, il plaça son infanterie en bataille sur quatre rangs, la cavalerie à gauche, faisant face au Mont-Thabor. Dans cet ordre, il se disposait à s'avancer dans la plaine pour tourner la montagne, et pour s'assurer s'il n'existait point derrière le Mont-Thabor quelque réserve ennemie, lorsqu'il aperçut derrière lui, venant du village de Loubi, un corps de cavalerie ennemie, composé de Mameloucks, de Turkurens et Mangrabins. Cette nouvelle troupe paraissait forte de deux mille hommes au moins; elle marchait en masse, et, contre la coutume des Orientaux, au petit pas et en bon ordre. On apercevait daus les rangs une grande quantité d'étendards, dont quatre ou cinq des plus apparents étaient portés devant les chefs.

Dans cet état de choses, Junot crut devoir faire quelques changements à ses dispositions premières. La cavalerie, qui était sur la gauche, passe à la droite, et il ordonne aux trois derniers rangs de son infanterie de faire demi-tour à droite. Le terrain que venait de quitter la cavalerie fut occupé par un détachement de grenadiers, placé en potence, de manière à pouvoir flanquer le nouveau front présenté à l'ennemi. Junot avait bien jugé, en apercevant le dernier corps ennemi, que son attaque pourrait être la seule dangereuse, et qu'un rang de grenadiers suffirait de reste pour contenir les deux mille cavaliers aperçus d'abord, et que l'on reconnut pour des Arabes, qui se contenteraient de harceler la troupe française pendant le combat. Le général recommanda aux soldats le silence le plus absolu. Le moment était difficile, et chacun sentit qu'il fallait entièrement s'en rapporter à son chef; aussi, pendant le combat, aucun soldat ne fit un mouvement qui ne lui fût commandé : la confiance et l'intrépidité paraissaient sur tous les visages. L'ennemi s'attendait à n'éprouver qu'une faible résistance de la part de cette poignée d'hommes qu'il supposait immobiles de terreur; mais il fut bien déconcerté quand, s'étant avancé jusqu'à portée de pistolet sans essuyer aucun feu, il fut accueilli tout-à-coup par la décharge la plus vive et la plus meurtrière. En un instant, plus de 300 des siens jonchèrent la terre en avant du front des Français, et il se retira à quelque distance.

Junot mit à profit le moment de répit que lui donna la surprise de ses nombreux adversaires, pour rétablir ses rangs, et surtout ceux de sa cavalerie, qui n'ayant pas un feu aussi redoutable à opposer que celui de l'infanterie, avait reçu le choc des chevaux ennemis, et y avait résisté avec une fermeté digne des plus grands éloges. L'ennemi, bientôt revenu de son premier étonnement, et fort de sa supériorité, ne tarda pas à recommencer l'attaque. Junot, en le voyant s'ébranler, rappela d'un mot aux grenadiers et aux carabiniers que leur sang-froid venait de les sauver, et qu'il importait de le conserver. Cette exhortation était inutile : les troupes de Damas furent reçues à cette seconde charge avec plus d'intrépidité encore, si cela était possible, et perdirent 200 hommes.

Dans cette charge, un maréchal-des-logis du 3e de dragons arracha un des principaux étendards à un cavalier ennemi, qui le défendit vaillamment. Les deux guerriers restèrent pendant plusieurs minutes serrés corps à corps, l'un voulant enlever l'étendard, et l'autre employant toutes ses forces pour le conserver. Pendant cette lutte singulière, leurs chevaux s'abattirent, mais les deux cavaliers ne vidèrent point les arçons. Enfin, le Français, plus leste que le Mamelouck, gêné dans ses vêtements, dégage sa main droite et passe son sabre au travers du corps de son adversaire, qui, en perdant la vie, tenait encore son étendard.

Une centaine des plus hardis de la troupe ennemie ne se retirèrent point avec le gros de leurs camarades, et revinrent encore escarmoucher, au moment où Junot commençait lui-même son mouvement de retraite dans l'ordre le plus parfait. C'est alors seulement que quelques carabiniers de la deuxième légère s'élancèrent hors des rangs pour avoir l'honneur d'un combat corps à corps avec la cavalerie ennemie. Il y eut en effet sept à huit engagements partiels, dans lesquels les Turcs ou les Mameloucks furent toujours vaincus.

Junot s'était écarté un moment de son infanterie, pour voir de plus près la lutte de ses intrépides carabiniers avec les cavaliers dont nous parlons; deux de ces derniers, reconnaissant le général à son panache et ses marques distinctives, se précipitent sur lui avec furie. Junot, d'un coup de pistolet, renverse le premier qui se présente, et assène un coup de sabre sur la tête du second, qui fuit à toutes brides.

Le combat avait commencé entre neuf et dix heures du matin, et Junot n'opéra sa retraite qu'à trois heures de l'après-midi, après avoir eu l'attention de faire construire un brancard pour emporter un carabinier qui avait eu la cuisse cassée d'un coup de feu. Les chefs de brigade Duvivier et Desnoyers s'étaient particulièrement distingués dans cette brillante action, qui rappelle véritablement les combats héroïques du Tasse, les exploits fameux des Croisés français. Les Français n'y eurent que douze hommes tués et quarante-huit blessés, dont aucun ne le fut assez grièvement pour ne pas suivre la retraite, qui s'opéra sur Cana. Junot, dans son rapport, fit une mention particulière de son aide-de-camp Teinturier, des maréchaux-des-logis de dragons Bousse et Decamps, du sergent-major Franquet et du caporal Lacroix. Le capitaine Gilbert, du 3e de dragons, fut au nombre des tués.

Cette relation a été rédigée d'après le propre récit du général Junot, confirmé par plusieurs témoins oculaires et acteurs de ce combat mémorable.

Junot reçut une récompense bien honorable, qui était sans exemple, et qui fut sans résultat. Un arrêté de Bonaparte, premier consul, ordonna l'exécution d'un tableau commémoratif du combat de Nazareth, ou plutôt de Loubi. Un coucours fut ouvert en l'an IX, et une vingtaine d'esquisses de différents maîtres furent exposées au salon du Louvre cette même année. Les peintres concurrents étaient Gros, Hennequin, Meynier, etc. Un Jury, formé dans la classe des beaux-arts de l'Institut national, décerna le prix à l'esquisse de Gros; mais cet artiste, après avoir esquissé le tableau et peint même la tête de Junot, n'acheva point ce monument historique.

87. Combat d'Aboukir.

Charge de cavalerie exécutée par le général Murat.

Cette action décida la mémorable victoire que remporta l'armée française, commandée par le général en chef Bonaparte, le 7 thermidor an 7, sur l'armée turque commandée par Kimeï-Mustapha, Pacha de Romélie.

Les Turcs qui étaient retranchés dans la presqu'île d'Aboukir, avaient repoussé la première attaque des Français dirigée sur la route qui défendait la droite de leur position; ils sortirent de leurs retranchements pour couper les têtes des Français restés morts ou blessés sur le champ de bataille; l'infanterie française indignée, recommence aussitôt; les 22e, 69e et 75e demi-brigade gravissent et pénètrent dans l'intérieur de la redoute. Le général Murat, qui commandait l'avant-garde, lança avec autant d'impétuosité que d'à-propos, ses escadrons qui se trouvent déja couper toute retraite aux Turcs chassés de la redoute, et les repoussent vers la mer; cette cavalerie pénètre et traverse avec la plus grande rapidité toutes les positions des Turcs, jusque sur les fossés du fort qui ne tire pas un coup de fusil; elle culbute, sabre et noie tout ce qu'elle rencontre. Les Turcs frappés de terreur, cherchent à gagner à la nage leurs chaloupes canonnières qui elles-mêmes les foudroient, mais en vain, pour les forcer à retourner au combat.

Mustapha-Pacha, général en chef de l'armée turque, se battit avec le plus grand courage; blessé à la main, abandonné de ses troupes qu'il voit fuir de tous côtés, il veut encore retenir ses soldats, mais dans leur terreur rien ne peut les arrêter; on les voit même se débarasser en barbares de ceux qui implorent leur secours. Le Pacha entouré, et sur le corps de ses plus fidèles serviteurs, est soutenu par eux et par son fils, qui le voyant hors de combat, rend ses armes au général Murat, son vainqueur. Les trois queues, marques distinctives du rang de Mustapha-Pacha, tombent autour de lui.

La perte de plusieurs officiers français est signalée dans quelques parties du tableau. Le colonel Duvivier, commandant le 14e de dragons fut tué dans cette charge; on le distingue atteint et renversé d'une balle au milieu de ses dragons; l'adjudant-général le Turc, tué dans la première attaque de la redoute, eut la tête coupée; le colonel Beaumont aide-de-camp du général Murat, sabre un Turc qui emportait la tête de cet officier, et lui arrache des mains son sabre brisé. L'officier Guibert, aide-de-camp du général en chef, fut tué d'un coup de canon; son ceinturon dans les mains d'un Turc est déchiré par le boulet qui le frappa; auprès sont deux pièces de canon anglaises, trouvées dans l'artillerie turque, et qui avaient été données au Grand-Seigneur par la cour de Londres. Tel est le corps du tableau: le fond relevé sur des dessins faits d'après nature, représente la redoute emportée par les demi-brigades déja nommées, l'escadron envoyé pour couper la retraite, le camp des Turcs, le camp du Pacha, et le fort situé sur la pointe de la presqu'île; l'escadre anglaise est en vue.

Le commodore Sidney-Smith voyant l'issue du combat, regagne ses vaisseaux, monté sur un des canots que l'on voit à la pointe de la presqu'île; les chaloupes canonnières turques mitraillent leurs propres troupes, et la mer est couverte de turbans.

88. Bataille d'Eylau.

Le lendemain de la bataille d'Eylau, l'empereur visitant le champ de bataille, est pénétré d'horreur à la vue de ce spectacle: il fait donner des secours aux Russes blessés. Touché de l'humanité de ce grand monarque, un jeune chasseur lithuanien lui en témoigne sa reconnaissance avec l'accent de l'enthousiasme.

Dans le lointain on voit les troupes françaises qui bivouaquent sur le champ de bataille, au moment où l'empereur va en passer la revue.

89. Bacchus et Ariane.

(Ces quatre tableaux appartiennent à M. Bizet.)

90. François Ier et Charles-Quint, visitant l'église de St.-Denis.

M. GUDIN (THÉODORE),
Rue de Hanovre, N. 21.

91. Vue d'un Moulin près Mariakerk, en Flandre.

(Ce tableau appartient à S. A. R. Mgr le Duc d'Orléans.)

92. Vue de la plage de Blankenberg, près Ostende.

(Ce tableau appartient à M. le marquis de Porte.)

93. Marine.

M. GUÉ,

Rue de Buffaut, N. 16.

94. Vue prise dans les montagnes de la Franche-Comté.

Mᵉ. GUIMET (*née* Bidault),

Rue des Fossés-St.-Germain-l'Auxerrois, N. 31.

95. Sainte Agnès en méditation.

Sainte Agnès était fille d'un préfet de Rome. Elle fut très-recherchée en mariage à cause de ses richesses et de sa beauté; ses adorateurs irrités de ses refus la dénoncèrent comme chrétienne, elle mourut martyre. On a coutume de placer près d'elle un agneau, symbole de la douceur qui distingue particulièrement cette sainte.

Mᵉ HAUDEBOURT-LESCOT,

Rue Godot de Mauroy, N. 1.

95 bis. Scène familière.

M. HENNEQUIN,

à Bruxelles.

96. Socrate discourant au milieu de ses

disciples, parmi lesquels on distingue Sophocle, Euripide, Criton, Alcibiade, Xénophon, etc.

M. HERSENT,

Rue Cassette, N. 22.

97. Gustave Vasa.

Ce monarque, après un règne de 40 ans, accablé par l'âge et les infirmités, se rend à l'assemblée des états de Stockholm. Dans un discours touchant, il les entretient de ses efforts pour le peuple suédois, de sa fin prochaine, et ayant cessé de parler, il étendit ses mains pour donner sa bénédiction à l'assemblée. Ses cheveux blancs, ses traits altérés mais toujours nobles et imposants, les larmes qui souvent coupaient sa voix, firent une telle impression que toute la salle retentit des accents de la douleur. Le roi se retira appuyé sur ses fils. L'assemblée entière se leva, et le suivit jusqu'au palais.

(Ce tableau appartient à M. le baron de Jassaud.

98. Daphnis et Chloé.

(Ce tableau appartient à M. Casimir Périer.)

M. INGRES,

Rue du Bac, passage Ste-Marie.

99. Vue intérieure de la Chapelle sixtine à Rome, dans laquelle le pape Pie VII officie pontificalement, assisté du sacré collége, à l'époque des trois jours d'agonie de la semaine sainte.

(Ce tableau appartient à M. Marcotte.)

M. ISABEY,

Rue des Trois Frères, N. 7.

100. L'Escalier du Musée.

M. JACOBBER,

à la Manufacture royale de Sevres.

101. Fruits groupés sur une table de marbre.

(Ce tableau appartient à M. le docteur Henry.)

M. JOINVILLE (EDMOND),

Rue du Dauphin, N. 8.

102. Vue prise au Soleil levant, sur les bords de la mer à Palerme.

103. Vue prise au Soleil couchant, dans la campagne d'Agrigente.

104. Vue du Tibre, dans la campagne de Rome.

105. Petite Paysanne napolitaine.

M. LAFOND,

Rue J. J. Rousseau, *N*. 3.

106. Jacob bénissant ses Enfants.

M. LAURENT.

107. Une Bouquetière.

(Ce tableau appartient à M. Bizet.)

Mme LEBRUN,

Rue d'Anjou-St.-Honoré, *N*. 9.

108. La tendresse maternelle.

109. Portrait de Paësiello, célèbre compositeur.

110. Portrait de Robert, peintre du roi.

Melle LEBRUN (Eugénie),

Rue Dauphine, *N*. 33.

111. Élisabeth au château d'Ashriedge.

Robert Dudley (depuis comte de Leicester), ayant appris que la reine Marie avait fait reléguer au château d'Ashriedge, Élisabeth qu'il avait aimée dès son enfance, chercha tous les moyens de lui donner quelques consolations; malgré les défenses de la reine, il lui fit tenir une lettre remplie des sentiments les plus tendres; et sachant qu'elle avait besoin d'argent, il y joignit une bourse contenant deux cents livres sterling. Élisabeth reçut avec joie ce soulagement, et dit à la personne qui le lui apporta: « Voilà ce qui s'appelle un véritable et fidèle ami. »

M. LECARPENTIER (Paul),

Rue de Lancry, N. 10.

112. Stratagème de Vénus.

Vénus après avoir endormi Ascagne, envoie à sa place l'Amour à Carthage pour enflammer Didon en faveur d'Énée.

. . . .

Et toi, pour cette nuit quittant tes traits divins,
Enfant ainsi que lui, prend ses traits enfantins :
Et lorsque dans le feu d'une fête brillante
Qu'échauffera du vin la vapeur enivrante,
Didon va t'imprimer des baisers pleins d'ardeur,
Mon fils, glisse en secret ton poison dans son cœur.

(Énéide, livre I.)

Mlle LEGRAND (Jenny),

Rue des Moulins, N. 20.

113. Intérieur de laiterie.

M. LEJEUNE (le Général Baron).

114. Vue d'après nature du premier passage du Rhin, dans le duché de Berg, le 6 septembre 1795, par le général en chef Jourdan.

Le général Kléber, prêt à faire passer ses troupes pour attaquer, recevant contre-ordre à cause de la trop grande clarté que jetait la lune, répondit d'une voix qui anima tous ses soldats: Allez dire que je ferai l'éclipse, et que nous passerons. »

Tous les détails ont été recueillis sur les lieux par l'auteur. Il reçoit un ordre du général Kléber.

Les ponts furent construits en quelques heures avec les bateaux hollandais, que le général Déjean avait fait venir et préparer exprès.

Les blessés et les prisonniers que les barques ramènent sont le général Damas, le capitaine Pujol, des Croates et des Hongrois, des émigrés de différents corps, entre autres les Tolpaches de Rohan (en manches rouges). Nos soldats leur prêtent leurs vêtements pour les cacher dans leurs rangs, et les soustraire à la rigueur des lois de la république.

M. LEPRINCE (Xavier),

Rue Hauteville, *N*. 33.

115. Constantin Négris.
116. Un Sapeur buvant du lait.

M. LEPRINCE (Léopold),

Rue Hauteville, *N*. 33.

117. Soleil levant.
118. Soleil couchant.

LORDON,

Rue des Maçons-Sorbonne, *N*. 1.

119. La communion d'Atala.

Le Père Aubri prit entre ses deux doigts une hostie, et s'approcha d'Atala en prononçant des mots mystérieux. Cette vierge avait les yeux levés au ciel, en extase; toutes ses douleurs parurent suspendues, toute sa vie se rassembla sur sa bouche; ses lèvres s'entr'ouvrirent et vinrent avec respect chercher le Dieu caché sous le pain mystique.

(Atala, par M. de Châteaubriand.)

M. MALLET.

120. Scène de famille.

(Ce tableau appartient à M. Tardieu.)

M. MITOIRE (Carle),
Rue des Tournelles, N. 70.

121. Tête d'un paysan russe.

122. Le martyre de Constantin. (Esquisse terminée.)

V. Clausen, Traits caractéristiques de l'histoire de Russie.

123. Le joueur de Balalayka (scène russe.)

Me MONGÈS,
Hôtel des Monnaies.

124. Les sept chefs devant Thèbes.

Après la mort d'OEdipe roi de Thèbes, Étéocle et Polynice, ses deux fils, convinrent d'occuper le trône alternativement, chacun pendant une année.

Polynice occupa le trône le premier et le céda à Étéocle selon leurs conventions. Étéocle, après l'année révolue, n'imita pas la conduite juste et équitable de son frère. Alors Polynice envoya Tydée en ambassade auprès d'Étéocle pour réclamer ses droits, qui à son retour tomba dans une embuscade dressée par Étéocle.

Adraste beau-père de Polynice, Tydée son beau-frère, le devin Amphiaraüs, Capanée,

Hippomédon et Parthénopée, fils d'Atalante, se réunirent à Polynice et marchèrent avec lui contre Thèbes.

A la vue de cette ville, les sept chefs immolèrent un taureau noir, et jurèrent sur la victime de venger Polynice.

125. Saint Martin partageant son manteau avec un pauvre.

(Ces deux tableaux appartiennent à l'auteur.)

Me MORLAY née TRANSON,

A Versailles.

126. Intérieur de Cuisine.

M. MOZIN.

127. Une Marine.

(Ce tableau appartient à M. Dusommerard.

M. OMMEGANCK.

128. Intérieur d'Étable avec Animaux.

(Ce tableau appartient à M. Trezel.)

129. Paysage avec animaux, représentant la récolte des foins.

(Ce tableau appartient à M. Tardieu.)

M. PERROT (A.),

Rue Neuve des Petits-Champs, N. 63.

130. Vue de Saint-Giuliano, près Cori (États romains).

131. Vue du Lac de Némi.

M. PHILIPPE,

Rue Bellefond, N. 23.

132. Vue d'après nature d'une maison habitée par Napoléon à l'île d'Elbe, pendant les derniers jours qui précédèrent son retour en France.

On découvrait de cet endroit, appelé la Madona, et l'un des plus élevés de l'île, les côtes de France et d'Italie.

M. PICOT,

Rue de la Rochefoucault, N. 4.

133. L'Amour et Psyché.

L'Amour quitte Psyché pendant son sommeil, pour n'être pas connu d'elle.

(Ce tableau appartient à S. A. R. Mgr. le Duc d'Orléans.)

M. PINCHON,

Rue des deux portes St.-Sauveur, N. 28.

134. Un Père aveugle et son Fils.

M. PRÉVOST.

135. Vue d'Italie.

M. PRUD'HON.

136. L'assomption de la Vierge.

(Ce tableau appartient à M. Tardieu.)

PRUD'HON (*attribué à*).

137. Enfant endormi.

(Ce tableau appartient à M. Auguste de Chambure.)

M. RAUCH (CHARLES),
Palais-Royal, N. 23.

138. Vue prise à Alvar, près Grenoble.

M. RAVERAT,
Rue Grange-aux-Belles, N. 6.

139. L'ivresse d'Anacréon.

M. REGNIER,
Rue de Paradis-Poissonnière, N. 41.

140. Vue prise dans les montagnes du Puy-de-Dôme.

M. RENOUX,

Rue Sainte-Anne, *N.* 63.

141. Ruine du château de Lavardin, près Montaire, département du Loiret.

(Ce tableau appartient à M. Moyon.)

Mlle RIBAULT,

Rue Bourbon-le-Château, *N.* 1.

142. Stanislas annonçant à sa fille Marie Leczinska, qu'elle est demandée en mariage par Louis XV.

Lorsque Stanislas reçut la lettre qui lui annonçait cette prodigieuse faveur de la fortune, transporté de joie, il entre dans la chambre où étaient sa femme et sa fille. « Ah! ma fille, lui dit-il, tombons à genoux et remercions Dieu! — Mon père, s'écria celle-ci, seriez-vous rappelé au trône de Pologne? — Le ciel, reprit Stanislas, nous est bien plus favorable, ma fille : vous êtes reine de France. »

M. ROBERT,

A Rome.

143. Scène de brigands.

144. Scène de brigands.

(Ces deux tableaux appartiennent à M. le duc de Fitz-James.)

M. SAINT-ÈVRE (G.),

Rue Servandoni, N. 23.

145. Sortie d'une église.

M. SCHEFFER (A.),

Rue de la Ville-l'Évêque, N. 42.

146. Épisode de la retraite de Russie.
147. Sujet tiré des Puritains d'Écosse.
148. Portrait du colonel Fabvier.

M. SCHNETZ,

à Rome.

149. Une pélerine avec sa fille.

(Ce tableau appartient à M. le duc de Fitz-James.)

M. SERRUR,

Rue de l'Abbaye, N. 11.

150. La mort de Mazet.

Il expire entouré des docteurs Bailly, François Parisset, et des sœurs de Ste-Camille.

151. La marchande de violettes.

152. Tête d'étude d'après nature.

M. SIGALON,

Rue du Faubourg Saint-Denis, *N*. 56.

153. Locuste, remettant à Narcisse le poison destiné à Britannicus, en fait l'essai sur un jeune esclave.

Elle a fait expirer un esclave à mes yeux,
Et le fer est moins prompt à trancher une vie,
Que le nouveau poison que sa main me confie.

(RACINE.)

M. TAUNAY.

154. Retour de chasse de Henri IV.

Henri IV, entouré de ses courtisans, salue Gabrielle qui est sur un balcon accompagnée de ses suivantes. « Enseignez-moi, belle dame, *par où l'on peut entrer dans ce château?* — Seigneur, *par la porte de l'église.* » Allusion au mariage, à sa conversion, etc.

(Ce tableau appartient à M. Lejean.)

M. TAUNEUR,

Rue Béthizi, *N*. 8.

155. Marine vue au soleil couchant.

M. TREZEL,

Rue des Maçons-Sorbonne, *N*. 1.

156. Le colonel Fabvier.

M. VAFFLARD,

Rue des Bons-Enfants, *N.* 34.

157. Le soldat malheureux.

158. Le comte Rochester.

Se promenant avec son amie, il répand de l'or sur son chemin, afin qu'on fût heureux où il l'avait été.

M. VALIN,

Quai des Augustins, *N.* 17.

159. Femmes de Sparte s'exerçant aux jeux gymnastiques.

160. Tentation de saint Antoine.

M. VAN-OS (G. J. J.),

Rue d'Angevilliers, *N.* 10.

161. Un paysage, intérieur du village de Pierrefond.

162. Un paysage.

163. Un paysage.

(Ce tableau a été donné par l'auteur pour être vendu au profit des Grecs.)

M. VAN SPAENDONCK (C.),

Quai des Augustins, *N.* 55.

164. Différentes fleurs dans une corbeille

adossée contre un autel, sur lequel est posée une autre corbeille remplie de différents fruits.

M. VERNET (HORACE),
Rue Saint-Lazare, *N*. 56.

165. Adieux de Napoléon à Fontainebleau.

Le 20 avril 1814, à midi, la garde impériale prend les armes et forme la haie; à une heure l'Empereur sort de son appartement, il trouve rangé sur son passage ce qui reste autour de lui de la cour la plus nombreuse et la plus brillante de l'Europe.... Napoléon tend la main à chacun, descend vivement l'escalier, et faisant signe qu'il veut parler, tout le monde se tait, et dans le silence le plus religieux on écoute ses dernières paroles :

« Soldats de ma vieille garde, dit-il, je vous fais mes adieux : depuis vingt ans je vous ai trouvés constamment sur le chemin de l'honneur et de la gloire; dans ces derniers temps, comme dans ceux de notre prospérité, vous n'avez cessé d'être des modèles de bravoure et de fidélité : avec des hommes tels que vous, notre cause n'était pas perdue, mais la guerre était interminable; c'eût été la guerre civile, et la France n'en serait devenue que plus malheureuse. J'ai donc sacrifié tous nos intérêts à ceux de la patrie.

Vous, mes amis, continuez de servir la France : son bonheur était mon unique pensée ; il sera toujours l'objet de mes vœux ! Ne plaignez pas mon sort ; si j'ai consenti à me survivre, c'est pour servir encore notre gloire. Je veux écrire les grandes choses que nous avons faites ensemble !..... Mes enfants ! je voudrais vous presser tous sur mon cœur, j'embrasserai votre général et votre aigle. Approchez général Petit. »

A ces mots, le général, suivi du porte-aigle Torti, s'avance. L'empereur le reçoit dans ses bras ; puis saisissant l'aigle, il le baise avec recueillement. Le silence d'admiration que cette grande scène inspire, n'est interrompu que par les sanglots des soldats, et bientôt par le plus grand enthousiasme. L'Empereur, dont l'émotion est visible, fait un dernier effort, et reprend d'une voix plus ferme : « Adieu encore une fois, mes vieux compagnons ! que ces derniers baisers retentissent dans le cœur de tous les braves. »

(Ce tableau appartient à M. de Chamburé.)

166. Épisode de la campagne de 1815.

(Ce tableau appartient à M. Janet.)

167. Bataille de Jemmapes, gagnée le 6 novembre 1792, par l'armée française, sous les ordres du général en chef

Dumouriez, sur l'armée autrichienne commandée par le duc Albert de Saxe-Teschen.

168. Bataille de Valmy, gagnée le 20 septembre 1792.

(Ces deux derniers tableaux appartiennent à S. A. R. Mgr le Duc d'Orléans.)

169. Apothéose.

M. VOLMAR,

Rue Bussy, N. 30.

170. Chevaux attaqués par un loup.

M. WATELET.

171. Vue de l'Isère et de la ville de Grenoble.

(Ce tableau appartient à M. Lejean.)

172. Un paysage.

(Ce tableau appartient à M. le docteur Goupil.)

M. WEST,

Rue de Savoie, hôtel de Savoie.

173. Roméo et Juliette.

www.ingramcontent.com/pod-product-compliance
Lightning Source LLC
LaVergne TN
LVHW050454160826
845677LV00003B/772

* 9 7 8 2 3 2 9 6 7 3 8 5 1 *